KLARTEXT

Gerhard Launer

NORDSEEKÜSTE
VON OBEN

Die schönsten Luftbilder der Region

GERHARD LAUNER,
Jahrgang 1949, wollte eigentlich Musiker werden. Doch aufgrund eines Unfalls musste er dieses Ziel aufgeben und wurde stattdessen Diplom-Grafikdesigner. Bereits während des Studiums erlangte er die Privatpilotenlizenz und später die Berufspilotenlizenz. Als Luftbildfotograf verbindet Gerhard Launer seine Interessen Fotografie und Fliegen. Mittlerweile hat er nahezu jede Stadt, jede Ortschaft und jede Sehenswürdigkeit in Deutschland fotografiert. Jedes seiner Bilder bietet neue Entdeckungen von oben, macht Landschaften zu Gemälden und zeigt ihre besonderen Strukturen und Charakteristika.

www.wfl-gmbh.de

Bibliografische Information der Deutschen Nationalbibliothek
Die Deutsche Nationalbibliothek verzeichnet diese Publikation in der Deutschen Nationalbibliografie; detaillierte bibliografische Daten sind im Internet über http://dnb.dnb.de abrufbar.

IMPRESSUM

1. Auflage Mai 2021
Satz und Gestaltung: Joachim Bartels
Umschlagfotos: Gerhard Launer
Umschlaggestaltung: Joachim Bartels
Druck und Bindung: Linsen Druckcenter GmbH, Siemensstr. 12-14, 47533 Kleve

ISBN 978-3-8375-2357-7

KLARTEXT

Jakob Funke Medien Beteiligungs GmbH & Co. KG
Jakob-Funke-Platz 1, 45127 Essen
info.klartext@funkemedien.de
www.klartext-verlag.de

INHALT

VORWORT

Gerhard Launers Luftbilder von der Nordseeküste vermitteln beeindruckende Natur, große Freiheit und sinnliche Erlebnisse: Man fühlt den Sand unter den Füßen, hört das Rauschen der Wellen und schmeckt die salzige Luft.

Launer, einem der renommiertesten Luftbildfotografen Deutschlands, gelingen traumhafte Ansichten einer abwechslungsreichen Region, ob Inseln, Strände, Dünen, Wattenmeer, Heide- und Moorlandschaften oder malerische Häfen, historische Fischerdörfer und das urbane Flair der Küstenorte.

Der sorgfältig komponierte Bildband präsentiert ungeahnte Sichtweisen und nicht gekannte Blickwinkel, die einen spannenden Perspektivwechsel und damit zahllose neue Entdeckungen ermöglichen. Eine Bilderreise, bei der die Zeit stillzustehen scheint.

Achim Nöllenheidt

VON EMDEN BIS WANGEROOGE

Wattenmeer bei Juist |

Ostfriesische Inseln
von Ost nach West

Blick auf Borkum |

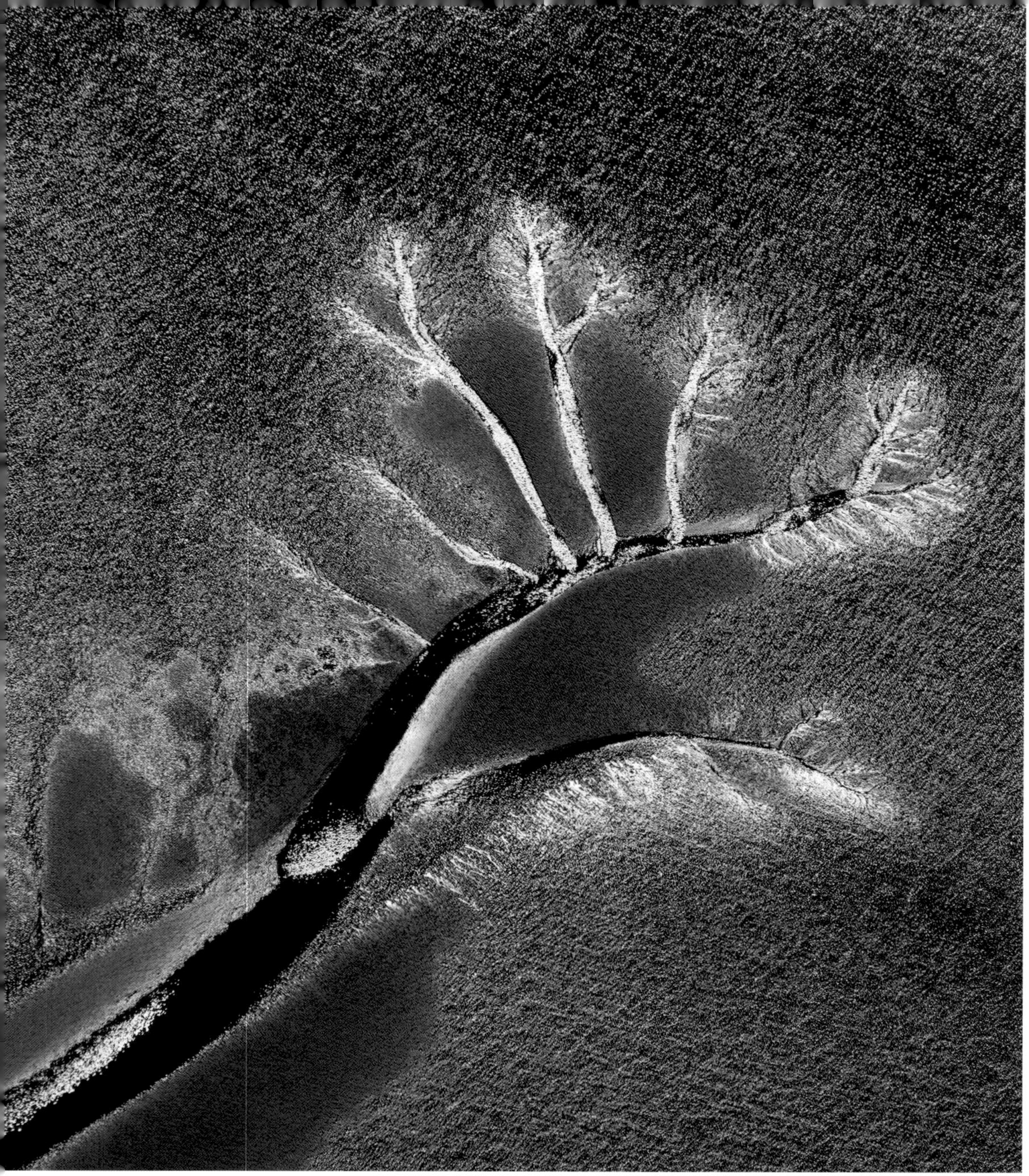

| Wattstrukturen im Nationalpark Niedersächisches Wattenmeer

Seehunde nähe Borkum

Borkum mit dem Neuen Leuchtturm

Rechte Seite: City von Emden

Der Ort Hauen und das Naturschutzgebiet Leyhörn

Hafen von Greetsiel;
Linke Seite: Küste und Felder bei Krummhörn

Nordseeküste östlich von Ncrddeich

Deichmühle in Norden

Bekanntes Wahrzeichen
Ostfrieslands, der
Pilsumer Leuchtturm

Vorherige Doppelseite: Hafen und Hauptort der Insel Juist

Linke Seite: die Insel Juist; rechts: Ortsmitte mit dem Strandhotel Kurhaus Juist

Die Insel Memmert südwestlich von Juist

Fähranleger Norderney (oben);
Rechte Seite: Norderney mit Blick zum Festland

| Priele auf Norderney

Wattstrukturen bei Norderney |

Trockengefallenes Segelboot bei Neßmersiel

Dornumersiel Strand

Rechte Seite: Blick auf Baltrum

Meerwasserfreibad
Bensersiel

Inselfähre nach Langeoog
im Benser Außentief

Schleuse am
Hafen Bensersiel

St.-Magnus-Kirche
in Esens

Das Wahrzeichen der Insel, der Wasserturm von Langeoog (oben);
der Bahnhof mit der Inselbahn, die den Fähranleger mit dem Ort verbindet

Blick auf Langeoog mit dem Wattenmeer und der Fahrrinne zum Festland

| Ostende von Norderney

Der Sielhof
in Neuharlingersiel

Wasserspielplatz
am Badestrand
von Neuharlingersiel

Kutterhafen
in Neuharlingersiel

Trockengelaufene Boote am Westende von Spiekeroog

Vorherige Seiten:
Priele und Wattstrukturen bei Spiekeroog

Blick von Osten
auf Spiekeroog

Niedersächsisches Wattenmeer
bei Wangerooge

Schiffe auf der Nordsee
zwischen Wangerooge
und Helgoland (links)

Museumshafen Carolinensiel (oben);
Wangerooge, die östlichste der sieben bewohnten Ostfriesischen Inseln

| Vor dem Hauptstrand der Insel liegt das Café Pudding

Westturm mit Jugendherberge

Inselmuseum Alter Leuchtturm

Küstenstreifen mit dem Ort Schillig,
im Hintergrund die Insel Minsener Oog

Düneninsel Mellum im Nationalpark Niedersächsisches Wattenmeer

Die unbewohnte Insel Minsener Oog

Wattstrukturen bei Mellum, rechte Seite: Leuchtturm Mellumplate

Strand und Schleuse Hooksiel, dahinter das Hooksieler Binnentief

Alter Hafen Hooksiel

Hooksieler Skiterrassen

VON WILHELMSHAVEN BIS ZUR ELBMÜNDUNG

Leuchtturm Arngast bei Ebbe im Jadebusen |

Ferienwohnungen „Erholung am Meer“ am Ems-Jade-Kanal in Wilhelmshaven

Links: Blick auf Stadt und Hafenanlagen von Wilhelmshaven; Deutsches Marinemuseum und Wattenmeer Besucherzentrum (rechts)

Kaiser-Wilhelm-Brücke

Marinehafen Wilhelmshaven

Offshore-Versorgungs-
schiffe „Vos Patriot“
und „Vos Precious“

Der Jade-Weser-Port
mit EUROGATE Container
Terminal und im Vorder-
grund das ENGIE Kraft-
werk Wilhelmshaven

Vorherige Doppelseite: Ältestes festes Leuchtfeuer, der Leuchtturm Hohe Weg

Blick auf Bremerhaven und die Weser

Leuchtturm Robbenplate

Stimmungsvoller Himmel an der Emsmündung in den Dollart (links)

Kitesurfen im Nationalpark Hamburgisches Wattenmeer

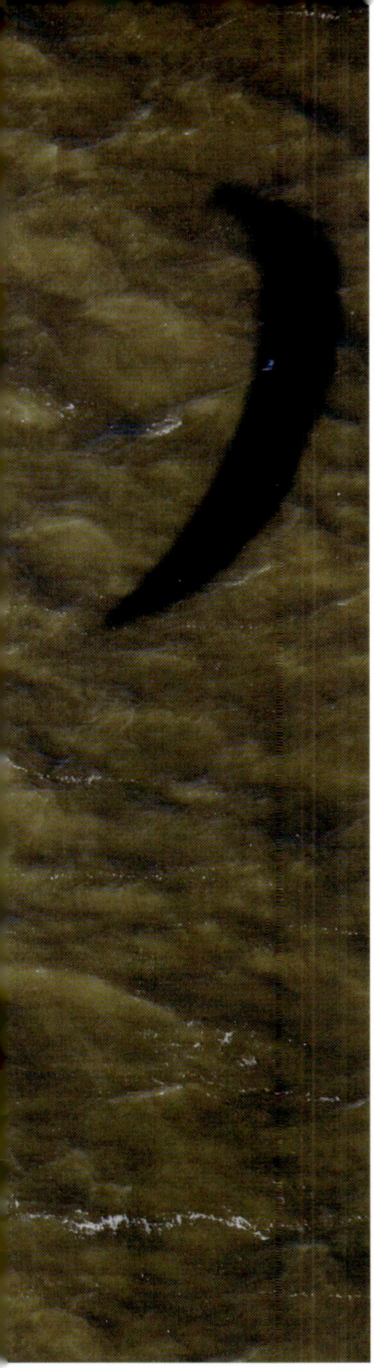

| Blick auf Duhnen

Blick auf die Insel Neuwerk

Ausritt und Wattwandern im Wattenmeer bei Neuwerk (links)

Zentrum von Cuxhaven mit Stadtpark und Wasserturm

Vorherige Doppelseiten: Lichtstimmungen im Wattenmeer bei Cuxhaven

Ostezufluss zur Elbe mit Hadelner und Belumer Außendeich

VON BÜSUM BIS SYLT

Wahrzeichen der Region: Leuchtturm Westerheversand |

Windkrafträder bei Marne Dithmarschen

Nord-Ostsee-Kanal bei Brunsbüttel (oben rechts);
Das größte Ölfeld Deutschlands, Bohrinsel Mittelplate-A

MITTELPLATE - A

Fischereihafen Büsum

Nordseeküste bei Helmsand. Links vom Deich liegt das Naturschutzgebiet Kronenloch (unten)

Familienlagune Perlebucht in Büsum (rechts)

Das Eidersperrwerk an der Mündung der Eider in die Nordsee bei Tönning

Wattstrukturen westlich vom Eidersperrwerk

Linke Seite: Wattenmeer
westlich vom Eidersperrwerk

Vorherige Doppelseite:
Wohnmobil-Parkplatz am
Strand von St. Peter-Ording

Küstenlandschaft
bei St. Peter-Ording

Badestelle Bad

Strandbar 54° Nord an der Badestelle Ording

Kitebuggy am Strand von St. Peter-Ording (links)

| Trockengefallenes Segelboot nördlich von St. Peter-Ording

| Wassersportcenter X-H2O am Strand von St. Peter-Ording

Eis

Ferienhof Volkertswarft auf der Hallig Hooge

Husumer Au mit dem Rathaus Husum; Marienkirche und Markt mit Asmussen-Woldsen-Denkmal (unten)

Süderhafen auf der Nordseehalbinsel Nordstrand (rechts)

Pellworm, die drittgrößte nordfriesische Insel

Nachfolgende Doppelseite: Hallig Südfall

Die Hallig Süderoogsand gehört zum Gemeindegebiet Pellworm (oben); Japsand, einer der drei nordfriesischen Außensände (links)

Vogelfreistätte Hallig Norderoog (rechts)

| Hallig Hooge, Mitteltritt (links) und Binge Hartwig (oben); Hallig Gröde

Hallig Habel, die kleinste Hallig
im nordfriesischen Wattenmeer

Küste bei Niebüll;
FKK-Zeltplatz auf
Amrum (rechts)

Blick auf Amrum; rechte Seite: Fährhafen Wittdün (oben) und Leuchtturm Amrum

Golf Club Föhr e.V.
bei Wyk auf Föhr

Ring-Wohnsiedlung
in Wyk

Wyk auf Föhr mit Wyker Strand

Westerland, Hauptort der Insel

Sylt, die größte nordfriesische Insel (links)

Leuchtturm Hörnum auf Sylt

Strand mit dem Restaurant Sansibar bei Rantum (rechts)

Kreuzfahrtschiff im Nord-Ostsee-Kanal